AF248252

LE PEUPLE,

LES GOUVERNEMENS

et les Rois

DEPUIS 1789.

LE DROIT DIVIN DES PEUPLES,
C'EST LA LIBERTÉ ET L'ÉGALITÉ.

Par HERCULE DE ROCHE père.

Le temps présent est gros de l'avenir.
(LEIBNITZ.)

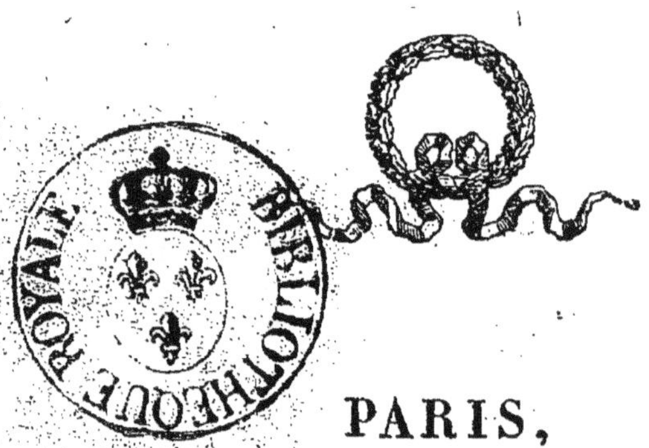

PARIS,

ACHILLE DÉSAUGES, LIBRAIRE,
RUE JACOB, N° 5.

NOVEMBRE 1830.

PARIS, IMPRIMERIE DE DECOURCHANT,
Rue d'Erfurth, n° 1, près de l'Abbaye.

AUX FRANÇAIS.

Malheur aux rois, malheur aux gouvernemens qui ne comprennent pas les volontés et les besoins des peuples!

Dans les crises sociales, ils appellent en vain ceux dont ils ont méconnu les droits. A l'aspect des dangers de la patrie, au moment où les luttes s'engagent, le peuple qu'on a dédaigné reste immobile spectateur des événemens, convaincu que lui seul survivra à tous.

Si les rois périssent, si les gouvernemens sont anéantis, les nations seules restent debout au milieu de leurs débris. La liberté, qui nous vient de Dieu et qui est la base de toute notre existence, reparaît triomphante, parce qu'elle est un principe immortel. Quelque doctrine qu'on veuille établir, quelque système qu'on veuille faire prévaloir, sans la liberté et l'égalité des droits pour tous, rien ne pourra se consolider; il faudra toujours recommencer....Il me semble pourtant qu'on devrait en être dégoûté, car les façons sont chères.

Depuis 1789, combien de gouvernemens se sont établis! Aucun n'a pu se maintenir, tous ont croulé...
Le 10 août, journée à jamais mémorable, renversa

la constitution de 91; ainsi sera-t-il de tous ceux qui ne sentiront pas que la révolution, qui est aussi un principe, ne reculera jamais devant aucune force : elle les brisera toutes, et ne s'arrêtera que quand elle jouira de tout ce qui lui appartient, parce qu'elle l'a acheté par des torrens de sang. Ce sang n'aura pas été répandu inutilement... Les Français d'aujourd'hui sont les enfans de ceux de 1789, 92 et 93... Oui, citoyens, et de 93 ! Cette époque fait horreur, je le pense comme vous; mais, si sous un point de vue elle vous épouvante, sous un autre, vous ne pouvez que l'admirer.

« Pieds nus, sans pain, sourds aux lâches alarmes,
» Tous à la gloire allaient du même pas. »

BÉRANGER.

Citoyens, sans la Gironde, qui créa le fédéralisme, la République n'eût point vu les échafauds politiques; mais ces avocats girondins comprenaient mal la révolution : ils mirent de l'huile sur le feu, quand il y fallait mettre de l'eau; ils produisirent cette horrible réaction qui plongea dans le deuil toutes les familles. S'ils eussent marché avec la Montagne, ils auraient paralysé sa violence. La révolution eût avancé tranquillement dans la postérité, et la gloire révolutionnaire serait sans taches. Les Girondins furent victimes de leur politique mal entendue; leur mort fut admirable; car, en France, tout est courage et générosité. Une faction qui leur succéda fut plus heureuse : elle renversa les échafauds, qui la menaçait tout autant que les royalistes ; mais rien de généreux n'animait Tallien, Billaud-Varennes, Collot-d'Herbois et consors ; peut-être étaient-ils plus féroces que ceux qu'ils firent périr ! Dès ce moment, la République, attaquée par tous les partis, se traîna jusqu'au Directoire. La constitution directoriale, la meilleure qui eût existé depuis 1789, mérite notre attention. Si on eût changé les directeurs et mis à leur place des hommes de conviction, désintéressés, purs des excès révolutionnaires, la France serait encore en république ; mais il n'y faut plus songer... *Il est des circonstances où les bons citoyens doivent faire abnégation de leurs opinions personnelles*..... le temps vous avancera..... Le Directoire, déconsidéré dans l'opinion publique, incertain dans sa conduite, sans marche positive, sans force morale, fut attaqué par un soldat habitué à vaincre : rien ne lui résista. Il comprit aisément qu'au milieu de tous les mécontentemens il pouvait tout oser ; il osa. Le Directoire fut renversé.

Napoléon, qui lui succéda, se mit à la place de tout. La révolution étonnée comprit qu'elle avait un maître ; les malheurs publics lui avaient ôté son énergie : l'éclat de nos brillantes victoires la consola *pour un moment* de la perte de la liberté. L'égalité restait : le despote s'en débarrassa. Des ordres de chevalerie et une nouvelle noblesse furent créés ; des princes, des ducs, des comtes, des barons, même des rois, surgirent aux Tuileries. Des rabbins, des prêtres, des ministres protestans, furent décorés de la croix de la Légion-d'Honneur : tous en voulaient. Malheureux ! qui ne comprenaient pas que c'était le signe de l'esclavage. Les patriotes pleuraient en silence la liberté perdue ; le sang de plusieurs millions d'hommes, versé pour elle, n'avait profité qu'à un seul. Heureusement cet homme ne sut point s'arrêter : il périt victime de son insatiable amour pour la gloire et de son ambition sans bornes. A sa chute, la liberté qui régnait dans les cœurs leva sa tête majestueuse ; mais un million de barbares armés pour la destruction de Napoléon en furent effrayés : *ils nous donnèrent un roi !...* Si Napoléon eût été national, s'il eût voulu marcher avec la révolution, lui accorder ce qu'elle voulait, il serait encore aux Tuileries, et ces barbares eussent trouvé leur tombeau dans les plaines de la Champagne et de la Picardie. Louis XVIII lui succéda, sans le remplacer ; une mauvaise Charte (souvent violée) qu'il nous donna, et la ridicule légitimité qu'il voulut y ajouter, en la renforçant du droit divin, mécontentèrent toutes les âmes généreuses. Dès lors il fut aisé de voir que le procès des Bourbons recommençait. Tout homme de sens qui ne s'aveuglait pas voyait ou voulait leur chute. Il suffisait alors d'avoir fait le voyage de

Marseille à Paris pour se convaincre qu'il était im-
possible que de pareils princes fissent reculer la révolution, qui devenait plus exigeante à mesure qu'on
lui accordait moins. Louis XVIII, dont l'histoire
fera justice, mourut sans gloire comme sans vertu :
son système de bascule l'avait soutenu tant bien que
mal. Charles X lui succéda. Quelques mots heureux
qu'il prononça à son avénement au trône firent
naître l'espérance ; mais les hommes qui réfléchissent
sur le passé, *ceux que de vaines paroles n'abusent
point,* ne se trompèrent pas. Le sacre de Charles X
dévoila l'homme ; le peuple fut désabusé. On vit dès
lors qu'on voulait gouverner avec le clergé, dont
l'administration est la pire de toutes les servitudes.
Le despotisme du sabre vous dit : Paie, obéis, tais-
toi, c'est tout ce que je te demande. Avec cela, vous
végétez tranquillement. Le despotisme de la calotte
est insatiable de pouvoir ; rien ne lui suffit ; il
faut croire, penser, agir comme il veut ; il scrute
les consciences ; c'est un supplice de toutes les
heures. Voilà le gouvernement que Charles X voulait établir. Il est difficile de concevoir qu'en 1830
on ait poussé l'aberration d'esprit jusqu'à ce point.
Le résultat d'un semblable projet ne laissait aucun
doute. Il ne fallait qu'une occasion pour renverser
cette détestable monarchie ; les ordonnances du
25 juillet la firent naître. La nation brisa le trône et
reconquit tous ses droits. Le 28 juillet fut le 10 août

d'une nouvelle époque ; mais ses exigences et ses besoins sont d'une autre nature. Le libre départ de Charles X en est la preuve.... Est-ce une faute ?

Le peuple a élevé un roi sur le trône national ; ce roi est le premier citoyen de l'État ; il comprend la liberté comme vous ; il la veut, sans doute, comme vous la voulez ; il vient de vous le prouver en renvoyant des ministres impopulaires dont les misérables doctrines voulaient nous faire renier la souveraineté du peuple qui l'a fait roi des Français. *La révolution adopta Louis-Philippe en 1792 ; elle l'a légitimé en 1830 ; il faut donc marcher avec elle.* Les ministres actuels en sentiront l'indispensable nécessité. Il faut donc abaisser beaucoup le cens électoral, admettre également l'intelligence à la jouissance des droits électoraux, *tous les citoyens à l'éligibilité,* et créer de bonnes lois municipales. C'est le vrai moyen de consolider le trône ; c'est le seul pour réunir les partis qui vous divisent. Alors la révolution défendra son ouvrage avec autant d'audace qu'en 1793, et le roi sera le plus puissant prince de l'Europe.

La
RÉVOLUTION
EN 1830.

FAITES AUJOURD'HUI, DE BONNE VOLONTÉ, CE QUE, PLUS TARD, LA VIOLENCE VOUS CONTRAINDRAIT DE FAIRE.

Par HERCULE DE ROCHE père.

Reges et divites judicabuntur.

N° 2.

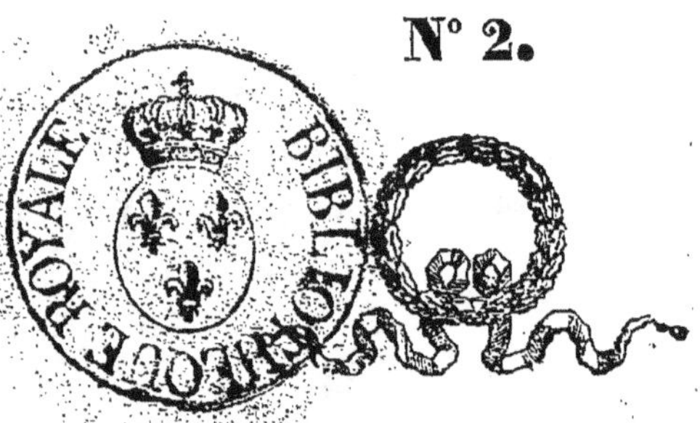

PARIS,
ACHILLE DÉSAUGES, LIBRAIRE,
RUE JACOB, N° 5.

NOVEMBRE 1830.

PARIS, IMPRIMERIE DE DECOURCHANT,
Rue d'Erfurth, n° 1, près de l'Abbaye.

Nᵒ 2.

AUX FRANÇAIS.

En France, il n'y a que des citoyens soumis aux lois, et point de sujets. — Il n'y a de vrai, en politique, que ce que le peuple comprend ; il n'y a de juste que ce qu'il veut ; et il n'y a de pouvoir légitime que celui qu'il délègue.

Dès qu'on s'écarte de ces principes, on tombe dans l'anarchie ou dans le despotisme : l'un vaut l'autre.

Après la révolution du 27 juillet, la nation pouvait se passer d'un roi. Un gouvernement républicain, avec un président amovible, eût pu rendre la France heureuse. L'agriculture et le commerce eussent prospéré, surtout en renonçant à toute idée de conquêtes. Une invasion étrangère ne pouvait intimider que des imbéciles ; ceux qui ont voulu vous la faire craindre sont les *ennemis de la patrie*. C'en était fait des trônes de l'Europe, si les rois eussent osé nous attaquer ; ils n'auraient pas trouvé en France les hommes de 1814 et de 1815, mais bien ceux de 93.

Dès que le son des tambours et des trompettes

de la liberté eussent été entendus sur les Alpes et sur le Rhin, les peuples, dans un mouvement spontané, eussent fait disparaître les armées du droit divin. La marche triomphante des armées françaises n'eût été qu'une promenade civique à travers les débris des trônes de l'absolutisme. Au lieu d'envoyer des ambassadeurs pour faire reconnaître le gouvernement que vous avez établi, vous auriez attendu, avec le calme d'une grande nation, que les rois de l'Europe vinssent *solliciter votre alliance...* —Citoyens, ne vous abusez pas, ils se seraient empressés de la solliciter. Ils sentent leur position.... Encore quelques années, et les couronnes des rois seront remplacées par le *bonnet phrygien.*

Mais laissons la république; des temps plus heureux vous la feront mieux comprendre. Souvenez-vous seulement que là où il n'y a pas égalité de droits, là il n'y a pas de liberté.

La couronne que porte le roi Louis-Philippe est *l'héritage de la république,* pour laquelle il combattit. Vous voulez être librés, vous le serez avec lui; encore plus avec ses successeurs, parce que la raison publique *fera toujours des progrès* (1). Désormais vos rois ne seront que les premiers ma-

---

(1) Victor Hugo.

gistrats du peuple. *Jamais vous ne souffrirez qu'ils soient autre chose…. Au surplus, Robespierre, dans une adresse au peuple français, a dit que tout État libre où la nation est quelque chose, est une république, et qu'une nation peut être libre avec un monarque; qu'ainsi république et monarchie ne sont pas deux choses incompatibles; c'est une vérité politique.*

Ce que je dis, je l'adresse aux masses, non à des coteries ou à des doctrinaires, et encore moins à la vieille et stupide aristocratie, que dorénavant il faut regarder comme en dehors de la société civilisée.

« Aristocrates de l'ancien et du nouveau régime,
» jouissez en paix de vos fortunes, bien ou mal
» acquises; ne vous mêlez pas de politique; et per-
» sonne ne cherchera à troubler votre végétation. »

Nous voilà donc encore dans le gouvernement monarchique représentatif, dont on reviendra par la suite comme de l'absolutisme. — Il faudrait d'autres hommes pour une pareille utopie! — A qui persuadera-t-on que l'équilibre des trois pouvoirs n'est pas de l'idéologie? — A qui persuadera-t-on que le pouvoir exécutif, avec toutes ses ressources pécuniaires, n'emploiera pas les moyens de corruption qui sont à sa disposition? — A qui persuadera-t-on qu'on aura

*

toujours des ministres honnêtes gens et désintéressés? Où sont-ils? qui les connaît? qui en a entendu parler? Que n'a-t-on pas vu depuis 1814 jusqu'à présent? Qu'a-t-on fait pour la classe *des gens comme il faut?* J'appelle ainsi ceux que l'aristocratie nobiliaire, financière, marchande, avocassière, désigne sous le nom de peuple ou de populace. Où sont les vrais patriotes, si ce n'est dans la classe pauvre, qui tous les jours arrose la terre de ses sueurs pour la jouissance des riches? Pourquoi ne fait-on pas des économies pour faire travailler les malheureux? On ne veut pas d'économies; on donne à l'archevêque de Paris 50,000 fr., 50,000 au préfet, et le clergé coûte énormément. Napoléon, qui avait 3 ou 400 millions dans les caves des Tuileries, ne lui en donnait que 20. Pourquoi ne pas l'imiter? pourquoi ne pas réduire le traitement des ministres à 50,000 fr.; les préfets à 12, 10 et 8; ainsi de suite. A quoi est bon un Conseil d'état, surtout quand il y a des sous-secrétaires d'état? Le Roi donne l'exemple du désintéressement en voulant que la liste civile soit considérablement réduite. Pourquoi ne pas suivre cet exemple et celui d'un des plus grands défenseurs de nos libertés, de l'homme que la corruption ne peut atteindre; en un mot, de *M. Benjamin-Constant,* qui a refusé la présidence du Conseil d'état, en disant que 30,000 fr.

qu'on y allouait étaient beaucoup trop pour n'avoir presque rien à faire. Voilà le patriotisme.

Toutes ces profusions sont intolérables, elles insultent à la misère publique. — En voyant cette soif insatiable de l'or, on dirait qu'il est le seul motif qui pousse à demander des emplois. —Les hommes d'aujourd'hui sont comme cela, vous dit-on niaisement, vous ne pourrez les changer. — Quelle indignité, citoyens ! Avec quel mépris on vous traite ! On dirait, à entendre ces *détestables aristocrates*, qu'il n'y a plus en France de cœurs généreux, plus de vrais patriotes : c'est le dernier des outrages ! Les fonctionnaires publics n'auront, ajoutent-ils, aucune influence, s'ils n'ont pas de représentation…..—Admirable aveu…… ! l'argent seul les fait considérer ! La vertu, l'esprit, les talens, le courage civique, le désintéressement, n'ont-ils donc aucune influence? Allez, misérables, qui pensez et parlez ainsi, allez trouver le sultan Mahmoud, vous êtes dignes d'être les sujets d'un despote, vous l'êtes encore plus que lui. — Mais ne vous y fiez pas trop, le despotisme reprend avec usure ce qu'il a donné. En Turquie, quand le prince renvoie un ministre, ordinairement il le fait étrangler : en France, c'est bien différent, on lui fait une forte pension. — Le gouvernement turc a des choses admirables ! Là on ne fait pas de la doctrine. Il est temps que les profusions finissent ; il faut que l'ordre social soit réédifié ; il faut des hommes nouveaux, qui n'aient pas l'âme flétrie par une longue servitude, comme ceux de l'Empire et de la Restauration...—Il faut des hommes qui comprennent que si on ne marche pas avec la révolution, elle engloutira tout. Si on marche franchement avec elle, sa sagesse vous dirigera, et ses exigences seront bientôt satisfaites. Elle demande peu aujourd'hui ; mais si vous tardez à lui rendre ce qui lui appartient, si vous l'irritez, souvenez-vous bien que vous serez ses victimes. — Il en est temps *encore*....

Consolidez par des institutions généreuses ce que vous avez commencé. Jusqu'à présent, tout ce qu'on a fait, tout ce qu'on fait et tout ce *qu'on dit* qu'on veut faire, n'est pas du tout en harmonie avec les volontés nationales, avec les droits du peuple : c'est tout-à-fait insuffisant ; — tant pis pour ceux qui ne s'en aperçoivent pas ; —plus tard il ne sera plus temps. Faites donc à présent, de bonne grâce, ce que par la suite la violence vous contraindra de faire. — En révolution on marche vite. — On a beau faire, le mouvement emportera la résistance ; la prétendue sainte alliance des rois sera anéantie par celle des peuples, qui, seule, est légitime ; *c'est le vrai droit divin.* — Ne vous alarmez donc pas des préparatifs que font les despotes; l'élan national que les *doctrinaires ont comprimé* reparaîtra avec enthousiasme, au moment du danger. — Louis-Philippe, à la tête de vos nombreux bataillons, défendra la liberté, comme il le fit en 1792. Si l'on vous attaque, *la Marseillaise* vous conduira sur les bords de la Vistule et au pied du Vésuve.

Français, tâchez de vous réunir, et souvenez-vous que vous tenez encore en vos mains la destinée des rois.

Louis-Philippe sent que son existence est liée à la vôtre : il est votre ouvrage. Il faut donc une union cimentée par une bonne foi réciproque, défendue par tous ; elle encouragera les faibles, déterminera les incertains, et présentera à l'Europe, qui vous regarde, le spectacle admirable d'une république administrée par un *Roi-Citoyen.*

En attendant, vendez tous les châteaux dits royaux, les parcs, les bois, les fermes et les meubles qui leur appartiennent; réduisez le traitement de tous les fonctionaires publics quand il dépasse 2,400 ou 3,000 fr., diminuez-les de la moitié, du tiers, du quart, etc. — Les appointemens des officiers de l'armée sont les seuls qui ne soient pas susceptibles de réduction, à l'exception de ceux des généraux, qui d'ailleurs sont *trop nombreux*. *Napoléon* et *Charles X* avaient créé ces énormes appointemens, l'un pour soutenir le despotisme qu'il avait établi, l'autre pour celui qu'il voulait créer. Ces grands coupables voulaient des esclaves pour exécuter leur volonté ; l'argent leur en donnait.

Vous allez dire que toutes mes demandes sont de grandes exigences. Non, Citoyens, ce sont des nécessités absolues, des besoins qu'il faut satisfaire, pour éviter des malheurs qui *sont inévitables* si on persiste à suivre la marche qu'on a adoptée. L'aristocratie des banquiers et des avocats convient encore moins à la France que celle du faubourg Saint-Germain.

POST-CRIPTUM.

Voilà donc M. l'abbé de la Mennais traduit devant les tribunaux pour un article inséré, le 26 de ce mois, dans le journal dit L'Avenir. — Encore une faute : rien ne profite aux *gouvernemens*. — Le passé ne leur sert jamais de leçon. — Il semble, pourtant, que le procès intenté à M. de Kergorlay aurait dû faire réfléchir. — Qu'est-ce que cela prouve? sinon que là où les passions commandent, le bon sens se tait. — Sans avoir les croyances de M. de la Mennais, je pense, comme lui, que le clergé ne devrait pas être payé; mais je ne crois pas que ce soit le moment de prendre une mesure aussi sage. Les populations ne la comprendraient pas, et s'en irriteraient. Des malheurs incalculables pourraient en résulter. — Je sais que les gouvernemens veulent avoir le clergé à leurs ordres : c'est tout simple; c'est le seul moyen de lui faire chanter des *Te Deum*, quand on aurait besoin de *de profundis*. Laissez faire le pouvoir, il finira par trouver ce qu'il veut éviter. — Nous allons donc voir l'éloquence fatrassière et grotesque des accusateurs publics aux prises avec celle de l'homme apostolique, qui vous fera voir ce que c'est qu'un *prêtre*...

Que va-t-on faire à celui qui parle le langage des Pères de l'Église ? On le condamnera à six mois, un an, deux ans de prison, et sans doute à 10,000 francs d'amende ! Eh bien ! cette amende sera payée par la charité des fidèles ! et la gloire religieuse le consolera de la perte de sa liberté. La couronne des martyrs lui fût-elle réservée, il la chercherait, il courrait au-devant d'elle pour se réunir plus tôt *au Dieu qui l'inspire.* Ne vous y trompez pas, Citoyens, *ce Dieu caché dans le sanctuaire, ce Dieu que nul ne peut voir, mais que tous comprennent, c'est la liberté.*

(La suite au prochain numéro.)